kurt marti · gott gerneklein

kurt marti

gott gerneklein

gedichte

Im Radius-Verlag

Die Deutsche Bibliothek – CIP-Einheitsaufnahme

Marti, Kurt:
Gott Gerneklein: Gedichte / Kurt Marti. –
Stuttgart: Radius-Verl., 1995
ISBN 3-87173-060-2

2. Auflage 1996
ISBN 3-87173-060-2

Umschlag: André Baumeister
Gesamtherstellung: Clausen & Bosse, Leck
Printed in Germany

Inhalt

I

bildspruch

d

e

d a n k t

k

e

n

d

a

d e n k t

k

e

n

MENSCH GERNEGROSS

gott gerneklein

der gerade weg

meistens
gerät
gerade
ein
gerader
weg
nicht
so
gerade
wie
zunächst
gewollt
und
gleicht
immer
mehr
einem
slalom
macht
aber
nichts
denn
unentwegt
kurvt
so
ein
slalom
um
die
GERADE

LOBET DEN HERRN

(aber
haltet ihn fern)

2-fel

aus mir
dem einen
machen zweifel
2

gäbs dreifel
würdens
gar noch
3

doch ohne
2- und 3-fel
wärs erst recht
vom teufel

waage

das leichter
wiegende Wort

das schwerer
wiegende Wort

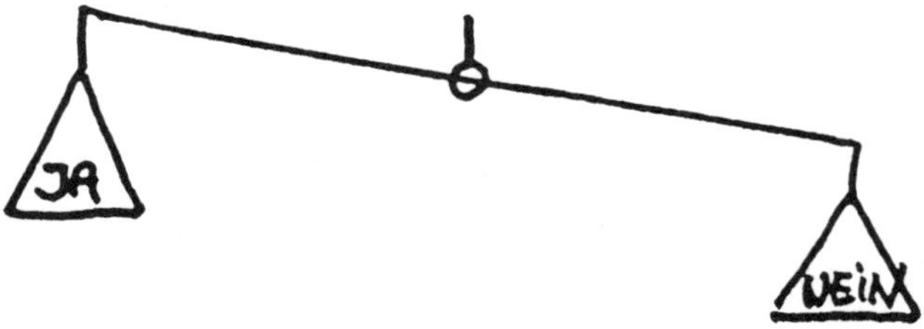

das leichter wiegende
etwas schwerer machen

das schwerer wiegende
etwas leichter machen

(lebenskunst)

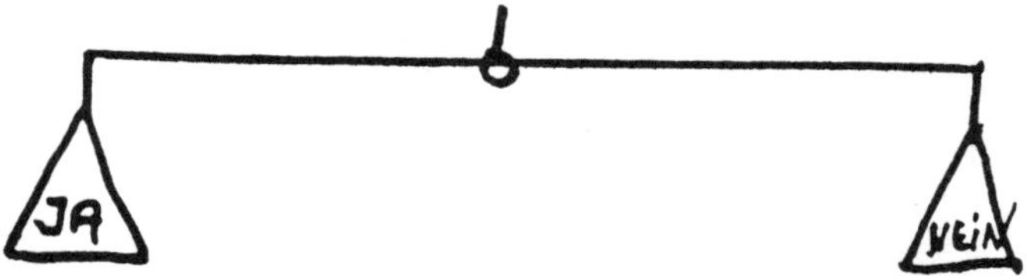

das leichter wiegende
zum schwerer wiegenden
machen

das schwerer wiegende
zum leichter wiegenden
machen

(glaube)

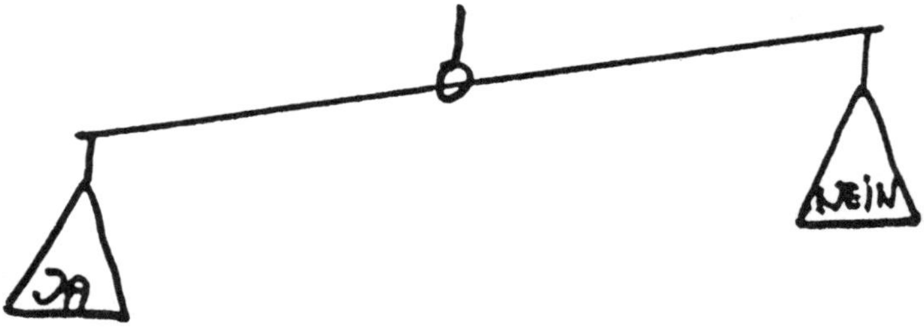

osterruf

ostern ist!
wach auf
du christ
und säume
nicht

und lauf
geschwind
aus deinem
labyrinth
ins licht!

pfingstfest 1

kr E tisch

pa R thisch

med I sch

asi S ch

elami T isch

thess A lisch

n U midisch

pfingst F est

gri E chisch

ph R ygisch

liby S ch

la T einisch

ar A bisch

po N tisch

kappa D ozisch

maz E donisch

bithy N isch

pfingstfest II

schw E disch

ku R disch

engl I sch

kirgi S isch

deu T sch

jap A nisch

r U ssisch

pfingst F est h E ute

po R tugiesisch

franzö S isch

let T isch

ung A risch

spa N isch

la D inisch

tsch E chisch

fin N isch

ekklesia

dieleutedieleutedieleutedieleute
dieleutedieleutedieleutedieleute
dieleute dieleute
dieleute einsam dieleute
dieleute dieleute
dieleutedieleutedieleutedieleute
dieleutedieleutedieleutedieleute

»wo zwei oder drei
in meinem namen
zusammenkommen«

gemeindegemeindegemeindegemeinde
gemeindegemeindegemeindegemeinde
gemeinde gemeinde
gemeinde gemeinsam gemeinde
gemeinde gemeinde
gemeindegemeindegemeindegemeinde
gemeindegemeindegemeindegemeinde

sich öffnen

S N
I E
C B
H O
Ö
F H
F C
N A
E N
N

h
e
i
s
s
t

N
E N
N A
F C
F H
Ö U
H N
C T
I E
S N

ozean

»das alter? ein schiffbruch«
(charles de gaulle)

doch was
kann schlimm daran sein
wenn gott der
OZEAN
ist
?

II

schöpfung

am anfang vielleicht: stille
jäh dann: urknall geburtsschrei! und myriaden
ausschwärmender moleküle
hernach: spiralwirbelnde gase sich zu glühroter
materie verdichtend
und alsbald: explosionen implosionen zusammen-
prall blind rasender gestirne vulka-
nische exzesse
vielleicht dann: im orkan der materie die stille
mitte und in der stillen mitte gottes
weisheit
und der erleuchtende blitz
die vision der weisheit: irgendwo im unermess-
lichen all eine oase des lebens wo
gespräch und liebe erblühen!

allmählich zwang die schwerkraft die gestirne
in geregelte bahnen
und es fiel das auge der weisheit
auf den planeten erde

der winzig die sonne umkreiste
feurig und unwirtlich noch
und die weisheit erwählte
die kleine erde
zum planeten des lebens
und lustvoll ging sie ans werk:
das erdfeuer packte sie ein in rundum
verfestigte kruste
festland und meere trennte sie voneinander
und machte die grosse sonne zum kraftwerk der kleinen erde
erste glasige algen entstanden

noch unauffällig begann das zarte wunder des flüchtigen atems
amphibien krochen an land
aus sümpfen wuchsen bäume empor
ihren samen trugen winde rund um die erde

überall regte sich atmendes leben
und dann zu beginn des quartärs: nebst tieren
auch menschen die sich aufzurichten
begannen nach dem beispiel der bäume

und alles was anhob zu leben
lebt vom wunder des atems:
es atmen meere gebirge
es atmen die pflanzen die bäume
(wälder wurden zu lungen der welt)
es atmen die tiere die menschen

und freudig wob frau weisheit den bunten teppich
des lebens wo alles seinen ort hat:
korallen flechten gestrüppe finden
wie fische insekten die ihnen gemässe
umgebung
selbst zugvögeln mangelt es nicht
an wechselnden wohnungen unter dem
himmel

und so gelang es allmählich allen geschöpfen
heimisch zu werden in ihrer zeit
heimisch zu werden in ihrem raum

die menschen aber suchten und fanden worte für
das was ihre augen erblickten ihre
sinne empfanden
sie suchten worte auch füreinander
versuchten sprechend die grenze zwi-
schen einander durchlässig zu machen
gespräch also! austausch! liebe sogar!
und die weisheit frohlockte: siehe, sie reden
inmitten des schweigenden alls wird
gesprochen
suchen gefühle gedanken nach worten!

und so kam alles in gang
gott aber und seine weisheit feierten ein fest
und nannten es SABBAT

katechismusfragen

warum sieht IHN denn keine(r)?
weil ER die blinden liebt

warum hört IHN denn keine(r)?
weil ER auch gehörlosen nah

warum erfasst IHN denn keine(r)?
weil wir umfasst sind von IHM

warum beweist IHN denn keine(r)?
weil auf erden wie im himmel
nichts zu vergleichen mit IHM

warum beweist IHN denn keine(r)?
weil der bewiesene nie
der zu beweisende wäre

warum träumt IHN denn keine(r)?
weil ER seit urher
der quell aller träume

kains klage

weh mir mordbub weh!
weh mir vogelfreiem!
wohin soll ich?
wohin flieh ich?
in den himmel? dort fragst DU
in die hölle? dort strafst DU
in die wüste? allwärts DU
über meere? immer DU

wohin ich seh:
DEINE frage!
wohin ich geh:
abels klage!
unstet dort
und unstet hier
kann mich niemand schützen
ausser DIR!

(nach einem altrussischen kirchenlied)

turmbau nicht nur in babel

und die männer sprachen:
auf lasst eine stadt uns bauen
und einen phallischen turm
der aufragt bis in den himmel!
ein triumphierendes zeichen soll er werden
unserer herrenmacht über die welt!

und die christen sprachen:
auf lasst eine weltkirche uns errichten
die urbi et orbi bezeugt
dass wir es sind
die die wahrheit und das letzte wort haben
auf diesem planeten

und die führer der konzerne und völker sprachen:
auf lasst einen wirtschaftsraum uns planen
von einem ende des himmels zum andern!
so werden wir einen namen uns machen
und niemand mehr wird der macht
des globalen markts widerstehen!

und die forscher sprachen:
auf lasst fabriken und laboratorien uns bauen
wo der fortschritt allein als gesetz gilt
wo keine vorschriften kleinlich behindern!
so werden wir das leben in griff bekommen
bis in die zell- und atomkerne hinein!

und die normalverbraucher sprachen:
auf lasst den fortschritt
nur unentwegt weiter fortschreiten
damit er den erdball noch mehr erschliesse
und dessen enorme ressourcen noch besser
für uns verfügbar mache!

da aber fuhr jahwe hernieder um zu beschauen
was die menschen da planten da trieben
und er verwirrte ihre gemeinsame sprache
und er zerstreute sie alle so dass
sie aufhören mussten weiter zu bauen

heiliger tanz

leicht hebt
sein greisig herz
den schweren fuss:
            aya david!
            aya derwisch!
schon kreiselt der alte
schon wirbeln die glieder
schon flattern die worte
            ay' adonai!
            ay' allah!
und flügelweit
schwingen die arme
wehen die ärmel

hotel jesus

leer der eisschrank
im hotel jesus
keine fische
kein brot auch

tafelnd und schwatzend
leben die gäste
von der hand
in den mund

plötzlich
und niedergekniet
wäscht der chef
den kellnern die füsse

ratlos mustert
der reiche jüngling
das treiben im haus:
wo führt das noch hin?

johanna susanna legen
diskret ihre schecks
in die kasse: alles soll
gratis für alle sein

das hotel jesus
hat zimmer für viele
petrus der concierge
verteilt die schlüssel

die salbung

das feuer des seins
die wunde des worts –
          und mehr braucht es nicht
          und mehr braucht es nicht
als ein gefälle
vom glauben zur tat
          und mehr braucht es nicht
          und mehr braucht es nicht
als öl und zehn finger
für seine zwei füsse
          und mehr braucht es nicht
          und mehr braucht es nicht
als mit dem mut der sinne
den leibhaftigen sinn
          den sohn des menschen
          zu feiern

schächer-paradies

der du den schächer
mit seiner blutschuld
am galgen
zu deinem begleiter
gemacht hast
wir bitten dich herr:
erachte auch uns
seiner gesellschaft für würdig
und öffne das paradies
auch uns
den schächern im geist

hölle

solange christus zur hölle fährt
weils höllen gibt auf der welt

werden die wege zur hölle
mit ja-sagern gepflastert sein

werden die pfade zum himmel
von nein-sagern gebahnt

ostermorgen

und dann
der magdalenische schrecken
am grab
das geöffnet und leer

fast unscheinbar
zwischen den hecken
lässt der gärtner
im gruss
sich entdecken

ostervision

es freut sich der himmel
es freut sich die erde
es küssen sich
frau und gefährte
die bäume auch freu'n sich
die hasen die hühner der hund
es hüpfen die kinder
die eier sind bunt
es frohlocken apostel propheten
und selbst
über beton und städten
silbert und glänzt
ein luft-diadem
als schwebte hernieder
das neue jerusalem
um weich hier zu landen:
christ ist erstanden!

pfingsten: bitte um den heiligen geist

nähme er alles für bare münze
was christen von ihm fabulieren
theologen von ihm behaupten
– längst wäre wohl jesus
irre geworden an sich

ob er vielleicht deswegen
sich auch schon mit andern besprach
mit buddha oder mohammed z. b.
und diese ihn zu trösten vermochten
weils ihnen wenig besser erging?

o dass er doch unsere köpfe durchlüfte
mit seinem österlich weckenden atem
mit gottes heilig-nüchternem geist
(wer weiss: zur freude selbst
von buddha oder mohammed?)!

verhängnis

christen zogen einst aus
um die völker zu lehren:
nicht heilig sind berge
nicht heilig die quellen
nicht heilig die bäume
nicht heilig die tiere
nicht heilig die menschen
nichts ist heilig auf erden
heilig nur gott im himmel

und also wurde
die schöpfung entheiligt
und heilloser raubgier
vorgeworfen zum frass

bitte

heilige grünkraft
(der gottheit unauffällig
schöne gespielin):
sprenge den beton
in unseren köpfen!
sprenge den beton
in unserem land!

die klügeren

dächte der wind
wie wir
er glaubte
die bäume
trügen ihr laub
nur für ihn

dächte das laub
wie wir
es glaubte
der wind
wehe
nur seinetwegen

der wind aber
ist klüger
das laub
weiss es besser

flussgemurmel

in ummauertem flussbett
träumen zur eile gedrängte wasser
von freier verweilung
in auen und sümpfen –
hinschiessend murmeln sie
litaneien und bitten
um zu erweichen
das herz verständiger engel
und ihres schöpfers
der sich in wolken verbirgt

und eines tages
oder eines nachts
wird ER sie plötzlich erhören
wird ihnen willfahren
und über die kunstufer helfen
damit sie in seeweiten
auen und sümpfen
heitere ruhelust finden
mit fröhlichen fröschen
mit flüglig leichten libellen

ostern

christus lebt
die hasen sterben aus

schön – was ist schön?

schonen ist schön
        menschen schonen
        tiere schonen
        pflanzen schonen
        die vielfalt schonen
        die schöpfung schonen
wer schont
macht schön
        schön wird
        wer schont

die hoffnung

die hoffnung geht zu fuss
die hoffnung strampelt auf dem rad
die hoffnung fährt mit der bahn

die hoffnung guckt wolken nach
die hoffnung grüsst den mond
die hoffnung findet zeit

die hoffnung verteidigt igel und bäume
die hoffnung versteckt asylanten
die hoffnung kauft im drittweltladen ein

die hoffnung fällt und erhebt sich wieder
die hoffnung steigt über berge
die hoffnung durchschwimmt das meer

die hoffnung bleibt neugierig
die hoffnung entdeckt zusammenhänge
die hoffnung sucht verbündete

die hoffnung kann entbehren
die hoffnung weiss zu geniessen
die hoffnung schürt das feuer der liebe

die hoffnung kann wütend werden
die hoffnung kann traurig sein
die hoffnung lacht subversiv

die hoffnung kämpft für das recht des andern
die hoffnung feiert und tanzt
die hoffnung macht zärtlich

die hoffnung hat nichts
die hoffnung will alles
die hoffnung betet um das reich gottes

anrufungen

gott ohnbeginn
gott endverbleib
gott ruhestark
gott odemnah
gott gerneklein
gott ewigklang!

lobpreis

der ohne ende:
er beendet!
der nie begann:
er schafft beginn!
der nicht bedeutet:
er schenkt bedeutung!
der ohne notwendigkeit:
er wendet not!

die redlichen

von redlichen redet man nicht
und auch sie machen nicht reden von sich

von redlichen redet man nicht
sie sind die stillen im land

von redlichen redet man nicht
man verlässt sich auf sie

von redlichen redet man nicht
geduldig lassen sie sich vieles gefallen

von redlichen redet man nicht
man beutet sie stillschweigend aus

von redlichen redet man nicht
denn man glaubt sie nicht fürchten zu müssen

von redlichen redet man nicht
man klopft ihnen gönnerhaft auf die schulter

von redlichen redet man nicht
man braucht sie aber

von redlichen redet man nicht
man erwartet verzichte von ihnen

von redlichen redet man nicht
nur die bibel redet häufig von ihnen

von redlichen redet man nicht
doch um ihretwillen lässt gott

die welt trotz allem
noch immer bestehen

weltwunderklumpen

glauben
beginnt mit staunen
denken
mit dem staunen
dass wir
überhaupt
denken können
dank
des weltwunderklumpens
unter
der schädeldecke
wo
zwölf milliarden ganglienzellen
unablässig impulse aussenden
in nervenfaserleitungen
von 480'000 kilometern länge
– wohlverstanden:
innerhalb eines einzigen menschen!
(distanz zum mond: 384'403 kilometer)

ora et labora

in fabrikhallen
arbeiten
roboter
präzis

in arbeitsämtern
warten
arbeitslose
geduldig

der wirtschaft
gehts gut
viel leuten
gehts schlechter

bete
und arbeite
lehrte benedikt
einst

bete
für arbeit
raten geistliche
jetzt

friedensfragen

wie kann es frieden geben
für die völker der welt
solange ihr schicksal bestimmt wird
vom eigeninteresse einiger industrienationen
und ihres neokolonialen weltmarkts?

wie kann es frieden geben
für die völker der welt
solange der weltmarkt armut und hunger erzeugt
und nahrung obdach arbeit und schulung
als menschenrechte nicht anerkannt sind?

wie kann es frieden geben
für die völker der welt
solange wir vorherrschaft dulden
sei es von internationalen konzernen
sei es von ethnischen majoritäten?

wie kann es frieden geben
für die völker der welt
solange zur arbeitsbeschaffung
die waffenproduktion auch weiter
in schwung bleiben muss?

wie kann es frieden geben
für die völker der welt
solange wir rücksichtslos krieg führen
gegen die erde unsre geduldige mutter
und krieg damit auch gegen unsere kinder?

wie kann es frieden geben
für die völker der welt
solange wir anstatt auf gott zu hören
in seinem namen uns gross machen wollen
und hass säen und fortzu neue gewalt?

wie kann es frieden geben
für die völker der welt
solange wir gottes absicht durchKREUZen
alltäglich zu sein unter uns und schön
in schonender liebe zu allem was lebt?

der götze

du darfst nicht schwach sein
bist du es dennoch
lass es die andern nicht merken
sonst machen sie dich noch schwächer
sonst machen sie dich noch fertig –
so will es der götze markt:
es kämpfe ein jeder gegen jeden
bis die starken gewinnen
die schwachen verlieren

und rasch verbreiten sich so
im kalten schatten des götzen
elend und hunger

wie lang aber noch
o gott der gerechtigkeit
wie lange?
wann wirst du
dem flehen der armen willfahren
wann wirst du
den götzen stürzen?

schatten

»die ihre kniee nicht beugten
vor baal...«

wer aber wagt es
von seinen lügen zu sprechen?
und wer von den wunden
die der lügner sich
und anderen schlägt?

»die ihre kniee nicht beugten
vor dem mammon...«

wer aber wagt es
von seiner feigheit zu reden?
und wer von den leiden
die der feige sich
und anderen zufügt?

das buch mit den sieben siegeln

»füllet die erde!«
anfang und
hoffnung einst

zu jesu lebzeiten:
1 mensch auf
1 km^2 erdoberfläche

1977 nach seiner geburt:
40 menschen auf
1 km^2 erdoberfläche

im jahre 2000:
80 menschen oder mehr auf
1 km^2 erdoberfläche –

sind wir zum
wuchernden krebs
der erde geworden?

ist unter der hand
die order zum ende
bereits ergangen?

»und ich sah
ein buch mit sieben
siegeln versiegelt

und ich weinte
da niemand würdig war
das buch zu öffnen

bis einer der ältesten sagte:
weine nicht! siehe der löwe
aus juda wird das buch öffnen« *)

*) nach offenbarung 5,1–5

postchristlich

weit
hinterm glauben
das tun

nachzügler wir
der göttlichen
weisung

ganz werden

elend
wer rafft

halb nur
wer hortet

ganz erst
wer teilt

lichtstrahl

immer ist ER
mit uns zusammen
immer ist Er
von uns getrennt
immer ist eine wand
zwischen uns und IHM
und in der wand
eine tür –
oft lange verschlossen
plötzlich sich öffnend:
SEIN lichtstrahl
SEIN wort

gottesdienst

keim wort
keim!

klimm in
köpfe

kriech durch
körper

knet den
kummer

kitt was
klafft

kämpf wos
klemmt

klär das
kreuz

krön mit
kraft!

in schlechter gesellschaft

herrje
mon dieu!
welch eine
sprache
wo
GOTT
sich reimt
mit
SCHROTT
mit
TROTT
mit
SPOTT!

protestantische kirchenmusik

die bilder
sie gingen
die töne
sie kamen

die jungfrau
sie wurde
zur jungen
frau musica

predigtnot

der ort versammelt
die leute singen
die wörter fallen
das wort bleibt aus

schutzlos

schutzlos das wort
schutzlos wers redet
schutzlos wers hört
schutzlos wers tut
doch
unwandelbar die weisung
ohne beweis

der tröster

träte doch
aus seinem dunkel
der tröster
hinaus ins licht!

nicht bräuchte
sein kommen
sein antlitz
sichtbar zu werden

ein hauch
der berührte
ein wahrhaftiger
tonfall genügte

uns: die – von falschen
tröstern genarrt –
aller tröstung
misstrauen

uns: die – trostlos
lebend und sterbend –
einander nicht
zu trösten vermögen

hölle himmel

ich glaube nicht an die hölle enggläubiger christen
ich glaube nicht an die hölle bornierter fundis
doch bleibt mir im ohr was ein kluger jude gemurmelt:
        »es muss eine hölle geben
        – wo wäre sonst hitler?
        es muss einen himmel geben
        – wo wären sonst die vergasten?«
ich glaube dass schmerz und gedächtnis heilig
ich glaube dass sie weltenschwer wiegen
auf der waage des höchsten und des gerechten

gebet einer alten gebrechlichen frau

barmherziger gott!
komm mit auf die strassen hinaus
behüte mich wacklige alte
dass ich nicht über einen randstein stolpere
nicht stufen hinauf- oder hinunterfalle –
du weisst: meine knochen sind zerbrechlich geworden!
so schütze mich hinten wie vorne und rundherum
vor automobilen
vor fahrrädern die lautlos flitzen
vor rollschuh- und rollbrettfahrern
vor achtlosen ellbogenstössen
vor remplern und rüpeleien

vor schnellen entreissdieben natürlich
und bitteschön auch
vor abschätzigen blicken
vor schnippischen verkäufern verkäuferinnen
und vor der anrede »gute frau«!
komm mit
du mir stecken und stab
verlässlicher als der krückstock –
falls dies nicht etwa zuviel verlangt ist von dir
der du als gott aller menschen
ja längst schon genug
arbeit und plage hast mit uns

paradies

1

augen versunken im anblick
  SEINER liebe die sonne
    und sterne bewegt
zeiten für immer versammelt
  im lichte SEINER gerechtigkeit
    das alle geschöpfe durchströmt
bäume musizierend am urquell der dinge
  dem unerschöpflich leben
    in vielerlei formen entspringt
mater materias dunkler gesang –
  ah! wie lustvoll er leichte vögel
    und schwere meere zu wiegen vermag!
in grün wuchernden kathedralen
  feiern inzwischen esel und tiger
    elefanten und schafe ihre befreiung
– und die menschen? wo sind wir?
  oder ist paradies (wie zuerst
    so zuletzt) ihre unsre abwesenheit?
abgedankt ja! und eingetaucht
  in den heilig-mächtigen strom
    der jedwede vorherrschaft einreisst
wahr in sich selber bleiben
  die auferweckten verwandelten
    unendlich vervielfachten sinne
die sich mit den sinnen
  aller andern geschöpfe
    mühlos verstehen vereinen
im liebesspiel
  das ewig
    sonne und sterne bewegt

2

»ich versuchte ein ›paradiso‹ zu schreiben
rühre dich nicht
    lass den wind reden
        so ist es das paradies«
(ezra pound)

dahingehen

alt sein
kleiner werden
erdwärts wachsen
dahingehen
unter die erde kommen
ruhe finden
bei wurzeln sein
kein ohr mehr haben
die stimme hören

psälmlein

gott
mein versteck

wo ich sicher bin
vor feinden

sicher auch
vor mir selber

Kurt Marti, 1921 in Bern geboren, studierte Jura und Theologie in Bern und Basel (u. a. bei Karl Barth). Im Dienste des Ökumenischen Rates ein Jahr in Paris. Pfarrer in Leimiswil, Niederlenz, und bis 1983 an der Nydeggkirche in Bern. *Preise und Auszeichnungen u. a.:* 1957 Lyrik-Preis Radio Basel; 1967 Preis der Schweizerischen Schillerstiftung; 1972 Johann-Peter-Hebel-Preis des Landes Baden-Württemberg; 1972 Großer Literaturpreis des Kantons Bern; 1977 Dr. theol. h. c. der Universität Bern; 1982 Buchpreis des Deutschen Verbandes Evangelischer Büchereien; 1990 Buchpreis der Stadt Bern (für »Die gesellige Gottheit«).

Im Radius-Verlag liegen von Kurt Marti folgende Bände vor:

Gottesbefragung. Der 1. Johannesbrief heute. 180 S., brosch.
Schöpfungsglaube. Die Ökologie Gottes. 100 S., brosch.
geduld und revolte. die gedichte am rand. 96 S., geb.
O Gott! Lachen, Weinen, Lieben. Ermutigungen zum Leben. 380 S., geb.
Ungrund Liebe. Klagen, Wünsche, Lieder. 60 S., brosch.
Red' und Antwort. Rechenschaft im Gespräch. 128 S., brosch.
Die gesellige Gottheit. Ein Diskurs. 100 S., geb.
Die Riesin. 144 S., geb.
Paraburi. Eine Sprachtraube. 64 S., brosch.
Herausgehoben. Notizen und Details. 196 S., brosch.
Die Psalmen Davids. Annäherungen. 192 S., brosch.
Die Psalmen 42–72. Annäherungen. 160 S., brosch.
Die Psalmen 73–106. Annäherungen. 192 S., brosch.
Die Psalmen 107–150. Annäherungen. 196 S., brosch.
Fromme Geschichten. 128 S., brosch.
gott gerneklein. Gedichte. 80 S., geb.

Über den Autor liegt im Radius-Verlag vor:

Ernst Rudolf Rinke: *Der Weg kommt, indem wir gehen.* Theologie und Poesie der Zärtlichkeit bei Kurt Marti. 208 S., brosch.

Außerdem arbeitete der Autor an der von Walter Jens herausgegebenen Reihe »*Assoziationen. Gedanken zu biblischen Texten*«, an dem von Heinrich Albertz herausgegebenen Werk »*Die Zehn Gebote*« sowie an den von Peter Härtling herausgegebenen »*Textspuren. Konkretes und Kritisches zur Kanzelrede*« mit und veröffentlichte Beiträge in verschiedenen Ausgaben des RADIUS-Almanach.

Lieferbare Radius-Bücher (eine Auswahl)

Heinrich Albertz: *Bremer Predigten aus vier Jahren*. 100 Seiten, broschiert
Ders. (Hrsg.): *Die Zehn Gebote*. 12 Bde. Je 108 bis 160 S., br.
Peter Bichsel (Hrsg.): *Für Peter Härtling*. Eine Festgabe. 200 S., br.
Karl Bohrmann: *Rote Figur*. 100 Zeichnungen. 128 S., geb.
Ders.: *Zeichnungen*. Mit einem Gedicht von Walter Helmut Fritz. 160 S., br.
Jürgen Brodwolf: *Theresienstadt. Wunde*. 15 Arbeiten auf Papier. 48 S., geb.
Jürgen Brodwolf/Peter Härtling: *Transparentblätter*. Gedichte. 120 S., geb.
Mechthild Dehn: *Leben*. Krebs: Entscheidung – Anruf – Suche. 100 S., geb.
Ingeborg Drewitz: *Junge Menschen messen ihre Erwartungen aus.*. 80 S., br.
Wolfgang Erk (Hrsg.): *Briefe von Brodwolf*. 152 S., geb. im Schuber.
Ders. (Hrsg.): *Danken, Klagen, Loben / Alles reift, um Gabe zu werden*. 2 Bände. zusammen 508 Seiten, gebunden
Ders. (Hrsg.): *Für Christoph Eschenbach*. Eine Festgabe. 152 S., br.
Ders. (Hrsg.): *Für diesen Tag und für alle Tage...* Ein Brevier. 128 S., geb.
Ders. (Hrsg.): *Hoffnungstexte*. Ermutigungen. 240 S., geb.
Ders. (Hrsg.): *Nimm dieses Wort*. Texte für Liebende. 128 S., geb
Ders. (Hrsg.): *Wer bin ich?* Woher kommen wir... 100 Texte. 128 S., geb.
Richard Exner: *Gedichte 1953-1991*. 320 S., geb.
Iring Fetscher: *Utopien, Illusionen, Hoffnungen*. 312 S., br.
Marlies Flesch-Thebesius: *Hauptsache Schweigen*. 160 S., br.
Traugott Giesen: *Christsein praktisch*. 100 Proben Glaubensmut. 224 S., geb.
Ders.: *Gebete der Zuversicht*. 100 S., geb.
Ders.: *Glaube mit Hand und Fuß*. 94 Kolumnen. 200 S., geb.
Ders.: *glauben heilt*. Energien aus dem Glaubensbekenntnis. 176 S., geb.
Ders.: *Gott liebt Dich und braucht Dich*. Worte zum Weiter-Leben. 192 S., geb.
Ders.: *Ich kann von Glück sagen*. 30 Lockrufe. 208 S., geb.
Ders.: *Schmerzlich – schön – wunderbar*. 90 Kolumnen. 212 S., geb.
Ders.: *Vater unser in Ewigkeit. Amen*. 42 An-Reden. 200 S., geb.
Traugott Giesen/Hans Jessel: *Sylt für die Seele*. 45 Texte u. Fotos. 96 S., br.
Hannah Green: *Ich hab dir nie einen Rosengarten versprochen*. 240 S., geb.
Gustav-Heinemann-Initiative: *Armut zerstört Bürgerrechte*. 112 S., br.
Peter Guth: *Bad Teinach-Projekt*. Ein Künstler-Buch. 54 S., br.
Peter Härtling: *Für Ottla*. 40 S., geb.
Ders. (Hrsg.): *»es hofft die gantze welt«*. Mein Weihnachtsbuch. 88 S., geb.
Ders. (Hrsg.): *Fundevögel*. Geschichten zum Wiederlesen. 320 S., geb.
Ders.: *Das Land, das ich erdachte*. Gedichte 1990-1993. 128 S., geb.
Ders.: *Das wandernde Wasser*. Musik und Poesie der Romantik. 128 S., br.
Ders. (Hrsg.): *Textspuren*. Konkretes und Kritisches zur Kanzelrede. 8 Bände. Zusammen 1772 S., br.
Klaus-Peter Hertzsch: *Der ganze Fisch war voll Gesang*. 80 S., br. u. geb. Ausgaben
Ders.: *Nachdenken über den Fisch*. Texte und Predigten. 160 S., br.
Walter Jaide: *Für eine Moral der Zukunft*. Betrachtungen. 96 S., br.
Inge Jens / Walter Jens: *Vergangenheit...* Biographische Skizzen. 88 S., geb.
Walter Jens: *Das A und das O*. Die Offenbarung des Johannes. 96 S., br.
Ders.: *Die Zeit ist erfüllt. Die Stunde ist da*. Das Markus-Evangelium. 96 S., br.
Ders.: *Und ein Gebot ging aus*. Das Lukas-Evangelium. 160 S., br
Ders.: *Am Anfang: Das Wort*. Das Johannes-Evangelium. 128 S., br.